AF599823

GRAFFITI

POESÍA

HUERGA & FIERRO EDITORES

HUERGA Y FIERRO EDITORES, S. L. U.
C/ SEBASTIÁN HERRERA, 9
28012 MADRID (ESPAÑA)
TELÉFONO: 91 467 63 61
E. MAIL: huerga@huergayfierro.com
WEB: www.huergayfierro.com

PRIMERA EDICIÓN
2025

DISEÑO DE ÁNGEL LUIS VIGARAY

DEPÓSITO LEGAL: M-16390-2025 — I. S. B. N: 979-13-990526-9-5
IMPRESO EN ROMADAC Industria del Libro.
IMPRESO EN ESPAÑA

LITURGIA DE LOS VENCIDOS

Carmen Ruth Boillos

LITURGIA
DE LOS VENCIDOS

CARMEN RUTH BOILLOS

GRAFFITI

HUERGA & FIERRO EDITORES

La paz es la única batalla
que merece la pena librar
ALBERT CAMUS

Tened en cuenta que vencer
no es convencer,
ni conquistar es convertir.
MIGUEL DE UNAMUNO

El mal no necesita monstruos
sólo personas
que dejen de pensar.
HANNAH ARENDT

No puedo creer que la guerra
sea la mejor solución.
Nadie ganó la última guerra
y nadie va a ganar la próxima.
ELEANOR ROOSEVELT

INVITATORIO

INVOCACIÓN

Desde este pozo
—en la más absoluta oscuridad
y vulnerabilidad—
invoco al ayer y al mañana
a toda la historia
que se revuelve en este presente
sin atisbarse un futuro.
Invoco a todos los hombres justos
¿Dónde están los sabios?
¿Dónde los maestros de la ley?
¿Dónde los garantes del orden?
¿Dónde los soñadores?
¿Dónde los luchadores?
¿Dónde los poetas?
Os invoco a todos
—incluso a los que ya no están—
¿No lo veis?
Estamos ante una emergencia.
La verdad ha sido profanada
la justicia ultrajada
la bondad secuestrada
y... los valores
yacen en las cunetas.
Os invoco con lágrimas en los ojos
con el alma casi en coma.
¿Alguien puede escucharme?

CONFESIÓN Y MISERERE

CARPETAS

Yo vi esqueletos que pulsan teclas
con dedos sin huella.
Esqueletos sordos y mudos
cómplices de la ignominia.

Oficinas como tumbas de vidrio
donde encapsular el futuro
en expedientes inermes
—maltratando al propio maltrato—
delegando la responsabilidad
a un diagnóstico
en lugar de preguntarse
que restauración protegen tus medios.

Si diagnosticamos el aburrimiento
si patologizamos la ternura
si desacreditamos el vínculo
si medicalizamos la rebeldía
envenenamos la misión.

Yo vi la traición en labios de seda
la hipocresía se servía en vasos desechables
las encías carroñeras de la falacia
masticando dinero
y niños vomitando llanto,
ante los ojos cobardes del padre
con el corazón encapsulado
en una carpeta comprimida.

EL MIEDO

El miedo es capaz de conducir miradas
miradas que huyen de los problemas
de la verdad o incluso de la ternura.

El miedo es capaz de conducir silencios
silencios ante las injusticias
los abusos o las guerras.

El miedo es capaz de aplacar afectos
afectos que podrían salvarnos
pero que para muchos están prohibidos.

El miedo es motor universal
de tantas cosas
que a veces le tengo miedo.

SEDUCCIÓN

Hemos malversado la esperanza
apostando al rojo perdedor
—rojo ira, rojo sangre, rojo muerte—.
Creer en otro mundo posible
y en personas milagro
aun sabiendo que la bondad
ha perdido toda su capacidad
de seducción.

VENENO

Han cebado con calumnias
la hoguera de la verdad
y ahora todos somos estopa.

Han emborrachado de tristeza
todas las fiestas y los abrazos
son cuerdas de ahorcados.

Han envenenado la liturgia
de la amistad y hasta del sexo
para mejor aislarnos.

Así... todos frágiles y decadentes
tristes y solitarios
fuera de la realidad y perdidos
pueden mejor manipularnos.

LA TRISTEZA

La tristeza es un pájaro interior
que llora metralla.

Bala tras bala.

Bala
    tras
        bala.

HE VISTO

He visto poetas que llevan trajes de oficina
y santos haciendo fila en recursos humanos,
cobardes vistiendo uniformes con medallas
e indigentes mentales con moqueta en los despachos.

He visto ratas con corbata, asnos con diploma,
cerdos con bastones y cucarachas en bragas.

He visto niños que querían volar
pero se arrojaron por la grieta del wifi
y chicas abusadas por sádicos hogareños
tocando el violín con cuchillas.

He visto jóvenes desesperanzados
en contextos que mantienen el daño.
He visto mujeres desvencijadas
comiendo las uñas del mendigo dormido.

Y aún más hondo, he visto, en el tuétano del día,
los que miran al mundo con la retina corrupta
confundiendo con disfraces
seduciendo con mentiras.

CUENTOS

Me engañaron cuando me contaron
que con esfuerzo lograría mis metas.
Yo que pensaba que los cuentos infantiles
se habían acabado a los ocho años
pero me encontré
con años de cuentos para adultos.

Cuentos que nos contamos nosotros mismos
sobre un mundo deseado pero que no existe
en el que nos gusta creer.

Cuentos con moralejas de valores
que hace tiempo asesinamos
en el pacto social de convivencia.

Cuentos para dormirnos
para anestesiar nuestra conciencia.

Cuentos de bondad inverosímil
desde las cloacas corruptas
para adoctrinar y someter a un pueblo
que no se reconoce ni en su hoy, ni en su ayer
ni podrá reconocerse nunca en su mañana.

RÉQUIEM

GESTACIÓN

El sueño de la excelencia
genera monstruos.

Una lluvia de semillas
que cae sobre todos y empapa
a los espectadores mediocres
capaz de engendrar en ellos
la envidia como un fruto enfermo.

Una gestación infinita
que siempre nace muerta
a pesar de la incubadora
del desprestigio.
Calando en todos los espacios
y llenando el mundo de sombras.

LA MANADA

Cinco sombras la cercaban
como lobos sin nombre
perros sin fe, hombres sin alma,
risas femeninas afiladas
como azadas de pueblo
abrieron la mañana en dos.

La manada danzaba
alrededor del miedo
con sus hocicos burlones
y los ojos llenos de hormigas.

La puerta se cierra
y las alimañas graban.
La jauría aplaude
vende sus excusas
se siente impune.

Que no descanse la tierra
que ninguna generación olvide
la risa de los verdugos
y la complicidad de los dioses menores
que como alacranes
duermen en la firma.

VESTIGIO

Un corpus de valores devastado
llora desde las cunetas
del sacrificio baldío.

Tantos miles de vidas
inmoladas
para nada.

Una ofrenda absurda
de generosos soñadores
portadores de ideologías
que debían desaparecer.

Estaba programado
—estratégicamente concebido—
había que eliminar el mínimo vestigio
de justicia social.
Había que reducir a cenizas
los huesos magullados.

Se trataba de borrar
y cancelar toda disidencia.
Aplastar contra el suelo
las palomas y los mirlos.
Las lámparas de dinero
nos medirán el código de barras.

El plan está claro:
hay que acallar *Kasandras* proscritas
para dar a todos
una cucharada de azúcar
que haga más digerible
la indiferencia.

SE ACABÓ LA FIESTA

Paseo sobre las ruinas de una fiesta
los escombros de un exceso
la ignominia y decadencia
de una juerga ponzoñosa.

Solo se vislumbra el desastre,
el destrozo y la desolación
del deleznable rito del acoso.

La manada enfebrecida
del loco placer de causar daño
ha dejado despojos de una dignidad
ultrajada y celebrada en comunión.

Quedan los cascotes del derrumbe
restos del cordero sacrificado
que nadie recoge, nadie venera
aunque sean reliquias de un ser humano.

VIOLENCIA

Si el niño tartamudea en clase
las risas le clavan alfileres,
mientras la profesora ignora
la mano temblorosa del distinto.

Casas donde se sirve la cena con gritos
y palabras envueltas en servilletas
como cuchillos buscan el silencio
midiendo el amor en obediencia.

Cuerpos que aprenden a fingir el sueño
manos que acarician como órdenes
bocas que besan como amenaza
pies atados a la estaca.

Alguien tiembla en la oficina donde
los buenos días pesan como piedras
y hay que fichar la mediocridad
balando al unísono del corrupto.

No hay tiempo para el abrazo
ni para acompañar la vida,
compartimos el video no la compasión,
repetimos el daño y nace la costumbre.

El telediario convierte las muertes
en rutina y en espectáculo la guerra
que observamos con fondo musical
mientras el mar arrastra cuerpos.

Instituciones que exigen
certificados de dolor
justificantes de lágrimas
archivando denuncias sin leerlas.

Rellene su formulario de violencia
para encausar sin esperar justicia
y busque otro lugar como víctima
pues el agresor siempre permanece.

El verdugo sonríe inmune.
La víctima devastada huye.
Trata de zafarse del infierno
de tantas crueles carcajadas.

LOS TIBIOS

Callad todos, que va a hablar la tierra.
Callad, que llegan las sombras
vistiendo de luto las bocas limpias
los corazones nobles.

No lloréis por los muertos
que lucharon cantando
ni por los que cayeron
con los ojos abiertos.

Llorad por los tibios
los que vieron y bajaron la mirada
los que con ceño neutro sostenían
la injusticia y el dolor
y al final lavaron sus manos
con la sangre del cordero.

Llorad por los que no gritaron
por los que no dijeron “basta”
por los que cerraron la puerta
y comulgaron el alma partida
como pan maldito.

Llorad por aquellos capaces del silencio
que miden por donde sopla el viento.

La vergüenza les crece en la lengua
Como hiedra amarga
Y ahora... son esputo de Dios.

Maldito el que observa y cruza los brazos
mientras la injusticia baila en la plaza
mientras la sangre se hace ríos.

ESTA VEZ NO

No me miréis con esperanza.
Esta vez no.
    No soy un profeta.
    Ni siquiera un ruiseñor.
Porque ya no me apetece cantar
ni se bailar al son de las monedas,
solo me retuerzo de dolor.

Cómo no hacerlo cuando los niños
enferman con antidepresivos,
cuando Ítaca violada
aúlla a la primavera
y los jóvenes podridos
de pantallas
entonan el réquiem de la utopía.

No me miréis con esperanza.
Esta vez no.
    No soy un luchador.
    Ni siquiera un alborotador.
Porque ya no me apetece creer
que la revolución es posible
ni quiero dar batalla.

Cómo hacerlo si ha abdicado la justicia
mientras su trono lo disputan
la envidia y la codicia.
Si no quedan soldados con fe,
solo mercenarios del conviene
tibios y desleales.

No me miréis con esperanza.
Esta vez no.

Solo estoy en condiciones
de entonar un Réquiem.

LAMENTACIONES

LA VENGANZA

Hay una energía en la venganza
muy seductora.

Es una luz que nos llama
como un faro en la noche convocando
a los barcos perdidos.

Es un deseo oscuro
un antojo maldito
al que es mejor matar
y amar ese anhelo
apócrifamente.

RENDIRSE

Qué romántico es ser
miembro de la disidencia
hijo de un vencido que aun sonríe
el valiente que nunca huye
la palanca y la rueda.

Qué romántico es ser
soñador de imposibles
el que empuja la historia
o el que enciende la mecha.

Qué romántico es ser
líder del motín
de la minoría insurrecta
que logra sus metas.

Pero no te engañes
a veces doblegarse
claudicar o entregarse
es urgente e inaplazable.

El derrotado y el cobarde
también merecen un verso.

SOBREVIVIR

Hacerse invisible
para sobrevivir.
Pequeña
vulnerable
casi inexistente.
Imperceptible
a la envidia.
Impalpable
al daño.
Intangible
al deseo.
Ser apenas.
Sentir en silencio.
Un estar etéreo
para resistir.
Para subsistir
al menos este invierno.

DISFRAZ DE CAMUFLAJE

Cuando me mires
no lograrás verme
detrás de este disfraz
de persona vulgar y sencilla
de mujer sin sueños
casi autómata de la vida.

Este disfraz de mirada perdida
y de parcas palabras.
Traje de obrera
que hace sin pensar
la tarea encomendada.
Traje de ignorante
con anestesia en el deseo
y en la esperanza.

Cuando alguna vez sonría
o mis ojos brillen inesperadamente
creerás atisbar lo que fui un día
intuirás que el disfraz
no ajusta adecuadamente.

Ese día...
por favor,
no me descubras.

Ajústame la cremallera
esconde el hilo que se descuelga
y sígueme el juego.

No olvides que hay heridas que nunca
podrán volver a ver la luz del sol
y pieles que ya no soportarían
ni una caricia.

DUELO

¡Dadme una lágrima dulce
un gesto humano sin doblez
una preocupación sincera!

¡Dadme una sonrisa sin espanto
un saldo suficiente de empatía
una lealtad verdadera!

¡Dadme una pizca de esperanza
una pertinaz ternura
la maldad en una hoguera!

¡Dadme una boca cerrada
un litro de cinismo
o un conejo en la chistera!

EXILIO

Me exilié de la realidad
con los ojos llenos
de luciérnagas muertas
y los bolsillos desvencijados
de esperanzas vírgenes.

La ciudad me hablaba
con dientes de cinismo,
con saliva de tedio
sus encías mugrientas de desencanto,
mientras en los árboles cansados
los pájaros me recitaban cuentos.

Pero mi patria ya no era
ni mi infancia, ni mi cuerpo.
No comparto ni la lengua
ni yo misma me entiendo
en esta ciudad hostil
abonada de veneno.

Mi bandera cuelga invisible
de mi armario trastero,
me han vendido un espejo
con instrucciones
domesticar quieren
hasta mis mismos sueños.

En este exilio forzoso
mi corazón ha aprendido
a latir sin testigos
y he amordazado hasta el viento
que ulula cada noche
en la cicatriz de mis versos.

ELLA

Ella entra en las ruinas
y con sus ojos de sabiduría
recoge los trozos de dignidad
enterrados
        perdidos
                olvidados.

Ella, que no llega con clarines,
limpia con su presencia
el hollín de las derrotas.
Ofrece el silencio justo
sus pasos no retumban,
su sonrisa no pacta con la tristeza,
su manera de tejer humanidad
y dar la paz conjurando
relojes inversos
cipreses sin sombra
es tan necesaria como firme.

Ella, compañera de los invisibles,
cómplice del bien
que germina en lo secreto,
no dice "te salvaré" pero se queda
y quedándose resucita el mundo.

Ella dice "aquí estamos"
y ese plural no salva.

Ella que recoge mis trozos,
como cristales de luna,
es imprescindible
inevitable
eterna.

SILENCIO

Que alguien muera por algo que no se compre.
Que tu causa no se venda.

Que no te pongan un código de barras
ni te expongan bajo luces led
en el mercado de la mafia.

Que nadie pueda facturar tus lágrimas
ni fiscalizar tus abrazos.

Que erupcione tu ternura
y trabajes sin descanso porque la justicia
sea derramada como lava curativa.

Que implosione la mentira
y la carne se rompa por lo bello,
Sin necesitar un permiso para soñar.

Que nunca lloren los buenos.
Las manos limpias, los pies sucios,
los brazos y el pecho abierto.

Que alguien muera por algo que no se compre
y que el mundo —sin entender—
guarde silencio.

ANÁFORA POR LA ESPERANZA

SALMO LUMINOSO

Bendito aquel que no vendió su ternura.
Bendito el que, en lugar de aplastar, sostiene,
el que recoge lo que otros desechan,
el que no compite, ni destruye para brillar.

Bendito el hombre que guardó una migaja de luz
mientras las sombras cubrían la tierra
y caían los neones de la mentira.

Bendita la mujer que obstinada en el futuro
no olvidó como se abraza
aunque le ataran de pies y manos.

Bendito el niño que sigue dibujando
soles en todas las paredes
de un mundo sin ventanas.

Bendito el hombre que cuida
y no huye del dolor ajeno
cuando las calles vomitan tristeza
o cuando las manadas de perros hambrientos
acorralan a sus víctimas.

Bendita la mujer que planta jazmines
en la azotea de los sueños,
la que da lactancia de compasión en la crianza
y nunca pierde la fe
en futuros hombres buenos.

Bendito el niño que juega sin pantallas
y que aún no ha renunciado a la fantasía.
Bendito el joven que no se vende por un sueldo
y que prefiere ser pobre que cómplice.

Bendito el que se equivoca, pero se queda,
para reparar lo posible.
Bendito el corazón que no se pudre
aunque lo sumerjan en lodo.

Bendita la semilla que no se rindió bajo el asfalto.
Bendita la bondad que no pidió recompensa.
Bendita la tristeza que no se convierte en cinismo.
Bendita la herida que no se transforma en odio.

Bendito el dolor compartido.
Bendito el amor en silencio.
Bendita siembra sin pesticidas.
Benditos milagros del tiempo.

Escribo este salmo
porque escribir es conjurar
la bendición y el deseo
de una metamorfosis vital
para todo lo que veo.

LETANÍA DE RESISTENCIA

Benditos los jueces que lloran.
Benditos los poetas sin miedo.
Benditas las risas de los hospitales.
Bendito el cura que sostiene el cielo.

Benditos los médicos que miran a los ojos.
Benditos los abogados de los imposibles.
Benditas las maestras de niños salvajes.
Bendito el cansancio del justo.

Bendito el arquitecto que proyecta puentes.
Bendito el agricultor que siembra quimeras.
Benditas las fábricas con humo de utopías.
Bendito el pan compartido.

Bendita la enfermera que cuida en pandemia.
Bendita la periodista que se queda en la trinchera.
Benditas las oficinas donde crecen lirios.
Bendito el borracho de anhelos.

Bendita la actriz que grita verdades y llora mentiras.
Bendita la trabajadora social que pisa barro y miedo.
Benditas todas las noches de boda.
Bendito el perdón ingenuo.

Bendito sea —una y mil veces—
ese perdón ingenuo.

SALMO POR LOS VENCIDOS

Alabados sean los vencidos.
Los que tienen el alma amordazada
entre las costillas rotas,
las manos generosas amputadas,
la lengua y la dignidad partida.

Los vencidos.
Los que escupieron flores negras en sus almohadas.
Los que callaron, perdieron, se exiliaron
con la rabia y los deseos metidos en el bolsillo.

Alabados sean los vencidos
porque... volverán.

Volverán con sus cuerpos despellejados de injusticia
Volverán con el fracaso encendido como luz intacta.
Volverán sin escudos y con poemas en los dientes.
Volverán con las uñas sucias de esperanza
y el pecho abierto.

No traerán consigo odio, sino memoria.
No traerán consigo castigo, sino justicia.

Volverán como lluvia que no pide permiso.
Volverán como flor inesperada en asfalto.
Volverán como el invierno sereno e inevitable.
Volverán... y el mundo tendrá que mirarlos.

BENDICIÓN FINAL

AMÉN

Que el Dios de la esperanza
os llene de toda alegría
confiando en él
para que desbordéis de esperanza con la
fuerza del Espíritu Santo
ROM 15:13

Vete en paz
alma cansada.
Has dicho tu verdad
aunque nadie la oyera.
Amaste con torpeza,
pero era amor.
Has llorado en cada calle
—y por cada hombre—
agua sagrada.
Has soñado
por encima de tus fuerzas.
Has luchado
lo suficiente.
Vete en paz.
Así sea.

EPIFANÍA: MENSAJE VITAL

LOS VENCIDOS NO EXISTEN

¡No desmayes jamás ante una guerra
de torpe envidia y miserables celos!
¿Qué le importa en la luna, allá en los cielos,
que le ladran los perros de la tierra?
... Mas oye, amigo este refrán de paso:
¡Se apedrean las plantas que dan fruto!
¿Quién del árbol estéril hace caso?
MARCOS ZAPATA

Te contaré un secreto:
los vencidos no existen.

Los vencidos son como el fuego ahogado
que chispea bajo la escarcha.
Son como ese poema tachado
que insiste en rimar.
Son como los árboles talados
en la memoria de los pájaros.

Llevan en los labios el grito
que no se atrevieron a soltar los valientes.
Entre sus costillas rotas cobijan
el latido del tambor de la dignidad.

No tienen estatuas ni calles,
pero en la espalda les crecen alas
cuando nadie los mira.
Caminan detrás del mundo
como perros sin amo.
Llevan tejiendo redes en la sombra
para salvar a los que caen.

Los vencidos son increíbles.
Han aprendido a resucitar
a reconstruirse brotando
del estiércol de la indiferencia.

Los vencidos —ya se sabe—
danzan sobre su propia lápida
con el cuerpo magullado
y la dignidad en alto
como tablas de la ley.

Los vencidos no existen.
Son la sangre nueva
en las venas de los dormidos.
Y esperan el día
en que el mundo tenga ojos.

Están en todas partes.
Y cuando hablen de los días en las tinieblas y el exilio,
cuando canten sus himnos victoriosos al fracaso,
cuando rían con sus bocas llenas de memoria,
el mundo sabrá al fin que no eran fantasmas,
ni víctimas, ni sombras, ni olvidados:
eran —y son— los cimientos de la historia.

A Miryam,

Nunca estaré vencida
si estás conmigo en la trinchera.
Gracias por este plural que nos salva.

ÍNDICE

LITURGIA DE LOS VENCIDOS

INVITATORIO

CONFESIÓN Y MISERERE

RÉQUIEM

LAMENTACIONES

ANÁFORA POR LA ESPERANZA

BENDICIÓN FINAL

EPIFANÍA: MENSAJE VITAL

Esta obra
se acabó de imprimir
con los auspicios de
Charo Fierro y
Antonio J. Huerga, editores

FINIS CORONAT OPUS